coleção primeiros passos 15

Clóvis Rossi

# O QUE É
# JORNALISMO

editora brasiliense

*Copyright* © by Clóvis Rossi, 1980
Nenhuma parte desta publicação pode ser gravada,
armazenada em sistemas eletrônicos, fotocopiada,
reproduzida por meios mecânicos ou outros quaisquer
sem autorização prévia da editora.

Primeira edição, 1980
10ª edição, 1994
11ª reimpressão, 2014

Diretora Editorial: *Maria Teresa B. de Lima*
Editor: *Max Welcman*
Ilustrações: *Emilio Damiani*
Capa: *Otávio Roth e Felipe Doctors*
Revisão: *Ricardo Miyake e Maristela Silva da Nóbrega*

**Dados Internacionais de Catalogação na Publicação (CIP)**
**(Câmara Brasileira do Livro, SP, Brasil)**

Rossi, Clóvis
  O que é jornalismo / Clóvis Rossi -- São Paulo :
Brasiliense, 2012 - (Coleção Primeiros Passos : 15)

  11ª reimpressão da 10ª ed. de 1994.
  ISBN 85-01015-7

  1. Jornalismo - Brasil I. Título. II. Série.

07-8524                                                CDD-079.81

**Índices para catálogo sistemático:**
1. Brasil : Jornalismo   0799.81

editora brasiliense ltda
Rua Antônio de Barros, 1839 – Tatuapé
Cep 03401-001 – São Paulo – SP
www.editorabrasiliense.com.br

# Sumário

Introdução .................................................. 7
I - A batalha por dentro ................................ 17
    Meio de informação e controle ............. 21
    O estilo ................................................ 23
    Por quê, a questão central ..................... 34
    Mais filtros .......................................... 41
II - A batalha por fora .................................. 47
    As fontes ............................................. 49
    Quem são as fontes .............................. 51
    As fontes oficiais .................................. 55
III - A batalha da propriedade ...................... 58
    Comitês ou Sovietes? ........................... 60
    Um exemplo: *Le Monde* ..................... 61
IV - A preparação da batalha ........................ 65
    A especialização ................................... 69
    A honestidade ...................................... 73
V - A batalha no Mundo .............................. 77
    Sobre o autor ....................................... 87

# Introdução

Jornalismo, independentemente de qualquer definição acadêmica, é uma fascinante batalha pela conquista das mentes e corações de seus alvos: leitores, telespectadores ou ouvintes. Uma batalha geralmente sutil e que usa uma arma de aparência extremamente inofensiva: a palavra, acrescida, no caso da televisão, de imagens. Mas uma batalha nem por isso menos importante do ponto de vista político e social, o que justifica e explica as imensas verbas canalizadas por governos, partidos, empresários e entidades diversas para o que se convencionou chamar veículos de comunicação de massa.

O mais claro exemplo da eficiência dessa arma aparentemente inofensiva é a compilação feita pelo *brazilianist* Alfred Stepan para seu livro *Os militares na política:* Stepan estabeleceu um placar para classificar a opinião da imprensa com respeito à legitimidade do presidente da República, nas vésperas de cinco movimentos militares da recente história do Brasil (1945, 1954, 1955, 1961 e 1964). A cotação do presidente variava de *mais* 2 a *menos* 2. Resultado: nos movimentos militares vitoriosos (1945, 1954 e 1964), a legitimidade do presidente era negativa, de acordo com a opinião da imprensa selecionada pelo *brazilianist*, variando a média de *menos* 0,8 em 1964 a *menos* 1,2 em 1954. Em contrapartida, nos movimentos militares frustrados (1955 e 1961), a legitimidade do presidente merecia, da imprensa, cotação positiva (*mais* 0,3 em 1955 e *mais* 0,2 em 1961).

Não se pode concluir, desses dados, que os movimentos militares só ocorrem quando a imprensa duvida da legitimidade do presidente em exercício. Mas é inegável que ela desempenha, claramente, um papel-chave na batalha para ganhar as mentes e corações dos segmentos sociais que, no Brasil ao menos, formam o que se chama de opinião pública. Ou seja, a classe média (média alta ou média média) – principal responsável pelo consumo de jornais e revistas em um país em que se lê desesperadamente pouco.

O trabalho de Stepan mostra, com clareza, como foi conduzida a batalha que levou amplos setores da classe média a apoiar a deposição de João Goulart, presidente constitucional, em 1964. Dos nove jornais por ele selecionados, pela sua influência e tiragem, nada menos do que sete achavam que "militar deve desempenhar papel principal na solução da crise e não deve obedecer ao presidente se ele está agindo ilegalmente. O militar não deve ajudar a pôr no poder um presidente eleito ou vice-presidente que constitui ameaça à segurança e à ordem do país". Os sete jornais citados eram *Correio da Manhã, Jornal do Brasil, O Globo, Diário de Notícias, O Jornal, O Estado de S. Paulo* e *Tribuna de Imprensa*. Restavam dois jornais em posição, digamos, legalista: *Diário Carioca* e *Última Hora*.

Essa batalha pelas mentes e corações, entretanto, é temperada por um mito – o mito da objetividade – que a maior parte da imprensa brasileira importou dos padrões norte-americanos. Em tese – salvo, é óbvio, nos jornais de cunho ideológico ou partidário – a imprensa, de acordo com o mito da objetividade, deveria colocar-se numa posição neutra e publicar tudo o que ocorresse, deixando ao leitor a tarefa de tirar suas próprias conclusões.

Se fosse possível praticar a objetividade e a neutralidade, a batalha pelas mentes e corações dos leitores ficaria circunscrita à página de editoriais, ou seja, à página que veicula a opinião dos proprietários de uma determinada publicação. Elmer Davies, falecido editor norte-americano, tinha, inclusive, uma sugestão que é definitiva em termos de culto à objetividade. Ele propunha que os jornais publicassem, na primeira página, o seguinte aviso: "Para a verdade sobre o que você lê abaixo, veja a página editorial".

No Brasil, os editoriais foram, de fato, durante algum tempo, o principal campo dessa batalha. Mas a evidência de que a objetividade é impossível acabou por transferi-la a todas as páginas dos jornais. Afinal, entre o *fato* e a *versão* que dele publica qualquer veículo de comunicação de massa há a mediação de um jornalista (não raro, de vários jornalistas), que carrega consigo toda uma formação cultural, todo um *background* pessoal, eventualmente opiniões muito firmes a respeito do próprio fato que está testemunhando, o que leva a ver o fato de maneira distinta de outro companheiro com formação, *background* e opiniões diversas. É realmente inviável exigir dos jornalistas que deixem em casa todos esses condicionamentos e se comportem, diante da notícia, como profissionais assépticos, ou como a objetiva de uma máquina fotográfica, registrando o que acontece sem imprimir, ao fazer o seu relato, as emoções e as impressões puramente pessoais que o fato neles provocou.

A objetividade é possível, por exemplo, na narração de um acidente de trânsito – e, assim mesmo, se nele não estiver envolvido o repórter, pessoalmente, ou algum amigo ou parente. Esse tipo de acontecimento – ou seja, aquele que afeta apenas um pequeno grupo de pessoas, sem maior incidência política e/ou social – ainda permite o exercício da objetividade. Nos demais, ela é apenas um mito.

*O que é jornalismo*

Mesmo em assuntos de reduzida influência política, como é o caso de uma partida de futebol, a objetividade é quase inatingível. Afinal, não há como ignorar que 99% dos jornalistas esportivos torcem por uma determinada equipe – e seria ingenuidade acreditar que, ao vestirem a armadura de jornalistas, eles se desfaçam de suas paixões pessoais e consigam comentar uma partida de sua equipe apenas com os dedos que batem nas teclas da máquina de escrever e não com o coração, feliz ou amargurado, do torcedor vencedor ou vencido.

Há, inclusive, um caso exemplar, nessa área, que me convenceu em definitivo de que a objetividade é um mito: um dos melhores repórteres brasileiros, casualmente trabalhando na Editoria de Esportes de um grande matutino, foi fazer a cobertura de um jogo entre o São Paulo Futebol Clube e a Associação Portuguesa de Desportes. Fanático torcedor do São Paulo, o repórter escreveu, na volta à redação, sessenta primorosas linhas contando como fora o jogo. Apenas esqueceu-se de mencionar, em meia linha que fosse, a Portuguesa (por sinal, a vencedora da partida). Só tivera olhos para os defeitos e qualidades de seu próprio time.

De qualquer forma, a objetividade continua sendo um dos principais parâmetros na linha editorial dos principais veículos de comunicação do Brasil. E, nessa busca impossível, introduziu-se a lei de ouvir os dois lados, partindo-se do pressuposto de que, frequentemente, há dois lados opostos numa mesma história. Então, se o líder do governo no Senado, por exemplo, critica o líder da oposição, a "lei dos dois lados" determina que este também deva ser ouvido.

    O jornal publicará, lado a lado, as opiniões de um e outro e o leitor formará a sua própria opinião. Em tese, a justiça dessa "lei" é inquestionável. Na prática, pode ocorrer – e frequentemente ocorre – que um dos dois lados (ou ambos) minta. E o jornal, inevitavelmente, reproduzirá em suas páginas uma mentira, fazendo o leitor raciocinar a partir de dados falsos. O melhor exemplo de como a "lei dos dois lados" distorce um dos fundamentos do jornalismo (a busca incessante da verdade) foi dado na greve dos metalúrgicos do ABC paulista, em abril de 1980. Havia três fontes disponíveis, para que os jornais avaliassem a real extensão da paralisação: os números fornecidos pelos empresários, pela Delegacia Regional do Trabalho (ou Ministério do Trabalho) e pelos sindicatos em greve. Muito bem: cada um deles divulgava números diferentes (não raro, bastante diferentes), o que tornava cristalino que duas das fontes, pelo menos, estavam mentindo. No entanto, os principais jornais reproduziam os três números, em nome da "neutralidade", embora soubessem que dois, ao menos, não eram corretos. E lançava-se no leitor a dúvida sobre qual seria o certo, na medida em que a grande massa de leitores não podia ter a menor condição de se certificar da verdade.

O Manual de Redação do jornal *Folha de S. Paulo* foi o primeiro livro-texto oficial a reconhecer as dificuldades para a prática da objetividade. "Não existe objetividade em jornalismo. Ao redigir um texto e editá-lo, o jornalista toma uma série de decisões que são em larga medida subjetivas, influenciadas por suas posições pessoais, hábitos e emoções", diz o verbete "Objetividade", à p. 34 do Manual (edição de 1987).

O Manual fornece também a sugestão sobre a única maneira de tentar enfrentar honestamente a questão: "Isso (a inexistência da objetividade) não o exime, porém, da obrigação de procurar ser o mais objetivo possível. Para retratar os fatos com fidelidade, reproduzindo a forma em que ocorreram, bem como suas circunstâncias e repercussões, o jornalista deve procurar vê-los com distanciamento e frieza, o que não significa apatia nem desinteresse", continua o verbete.

Essa orientação torna-se mais valiosa em um quadro político de normalidade institucional. É difícil para qualquer jornalista digno desse nome ser absolutamente distante quando está diante de uma situação de arbítrio institucional, diante de uma ditadura, por exemplo. Mas, quando o sistema democrático funciona, o jornalista não precisa vestir a armadura de paladino das liberdades democráticas e, por isso mesmo, tem a obrigação de tomar distância em relação a tudo e a todos os que se envolvem no noticiário.

A menos, é lógico, que ele trabalhe em um veículo de comunicação partidário e/ou classista. Nesse caso, sua função é a de conquistar o público para as posições do órgão que edita o jornal. Supõe-se, é lógico, que haja uma identificação política entre o jornalista e seu empregador nesse tipo de situação. Não parece lógico nem funcional que um militante do PT edite um jornal do PFL, por exemplo.

Teoricamente, a introdução da televisão no campo do jornalismo poderia conferir à objetividade o caráter de possibilidade real e não o de mito. Afinal, a câmera de TV registra, friamente, o que se passa, assim como os microfones captam os sons tais como são emitidos. Câmeras e microfones não têm emoções, nem formação cultural, nem *background*, nem opiniões – logo, poderiam reproduzir objetivamente o que está acontecendo. Ocorre, entretanto, que, no caso do telejornalismo, a mediação entre o *fato* e a *versão* dele que é levada ao ar multiplicou-se. O trabalho do repórter e do cinegrafista passa por uma quantidade de filtros que depuram sons e imagens dos aspectos considerados inconvenientes pelos diretores da estação – isso também acontece nos jornais e revistas, mas, na TV reveste-se de cuidados excepcionais, ante o notório impacto que tem uma imagem, comparada à palavra escrita.

A grande demonstração dessa força foi a Guerra do Vietnã: as imagens diárias de sangue e dor que entravam nos lares norte-americanos contribuíram poderosamente para formar uma corrente de opinião pública contrária à continuação da guerra, o que pesou no seu desfecho, embora a guerra tenha, em última instância,

O que é jornalismo 15

Ag. Keystone

*Soldado norte-vietnamita morto: pelos jornais a violência da guerra chega aos lares.*

sido decidida, de fato, no próprio terreno em que se travava, ou seja, no Sudeste Asiático. Mais recentemente, a imagem de um soldado da Guarda Nacional do deposto ditador nicaraguense Anastácio Somoza, matando, a sangue frio, um repórter da TV norte-americana, contribuiu para consolidar, mesmo nos Estados Unidos, o país inspirador da criação da Guarda e sustentáculo dos Somoza por largo período, a real imagem do somozismo: uma ditadura brutal.

Nesse caso, a TV cumpriu rigorosamente a regra da objetividade: mostrar o que acontece, friamente, sem comentários, sem emoções, a não ser aquela que transpira do próprio acontecimento. Mas a TV também pode ser utilizada, por meio da edição de imagens, para distorcer um fato real. O exemplo mais notório é o da edição feita pela Rede Globo de Televisão do segundo debate entre os candidatos à Presidência, Fernando Collor de Mello e Luiz Inácio Lula da Silva, em dezembro de 1989. A opinião quase consensual dos analistas é a de que Collor de fato foi melhor do que Lula no debate, mas a edição, dada pela Globo fez Collor parecer incomparavelmente melhor do que Lula. Uma boa parte dos petistas acha que foi esse tipo de distorção, levado ao ar na antevéspera da cotação, que ajudou Collor a derrotar Lula.

Esse caso é exemplar. Demonstra que a TV não precisa inventar nada. Ela pode, apenas com a seleção de imagens reais, criar uma realidade mais forte do que a que de fato aconteceu.

# A batalha por dentro

Entre a ocorrência de um fato e a sua veiculação, seja por jornais ou revistas, seja pela televisão, percorre-se um caminho relativamente rápido, se medido em horas, mas bastante tortuoso e complexo. A começar do fato de que a imprensa não vive apenas dos episódios ocorridos num determinado dia, mas também da discussão, do debate e da análise de acontecimentos ou situações intemporais – ou seja, que *estão acontecendo*, e não simplesmente que *aconteceram*.

E, em jornais, revistas ou televisão, há um fio condutor que delimita o que será publicado ou levado ao ar: a pauta. De mero instrumento de orientação para os repórteres e de informação para as chefias, a pauta acabou se transformando, com o tempo, em uma espécie de Bíblia, ocasionando distorções e limitações ao trabalho jornalístico.

Primeira distorção: a pauta, por ser elaborada principalmente em função do que os próprios jornais publicam, gera um círculo vicioso, pelo qual os jornais se auto-alimentam. Em consequência, a pauta reflete apenas parcialmente o que está acontecendo ou quais os assuntos que preocupam, efetivamente, o público em geral; ela acaba refletindo muito mais o que os jornais estão publicando e a televisão está mostrando.

É verdade que a pauta também é composta de informações enviadas às redações pelos repórteres incumbidos da cobertura de setores específicos (Palácio do Governo, prefeituras, parlamentos, polícia etc.) e pelos *press releases* enviados por distintas organizações às redações. Mas também aí ela acaba sendo necessariamente parcial: os setores cobertos regularmente pela imprensa são, quase exclusivamente, organismos oficiais, organismos do aparelho de Estado – e não organismos da comunidade em si. E os *press releases* são, na sua esmagadora maioria, enviados pelas organizações que dispõem de suficientes recursos para armar esquemas de comunicação (o mais das vezes, empresas de grande porte).

Há, portanto, um cone de sombra sobre toda uma área de atividade, diretamente ligada ao interesse da comunidade, que raramente ganha espaço na pauta e, por extensão, no próprio jornal, revista ou TV.

Segunda limitação da pauta: ela, no geral, reflete a idealização das pessoas que permanecem nas redações e não daquelas que estão em contato direto com os fatos ou as pessoas geradoras das notícias. Idealmente, a pauta deveria ser composta de fora para dentro das redações. Ou seja, a título de exemplo: o repórter incumbido, digamos, da cobertura da Câmara Municipal deveria ditar pautas em duas direções. A primeira, relacionada diretamente com o que ocorre naquela Casa Legislativa, pois é de se supor que ninguém está mais autorizado que ele para determinar o que é importante e o que não é nas discussões da Casa. A segunda ligada aos assuntos exteriores à Câmara (esgoto na Vila X, falta de escolas no Bairro Y), que acabam batendo na Câmara, por meio das queixas ou sugestões dos eleitores do bairro ao vereador por eles eleito.

Não é o que ocorre, na prática. Pior: com a crescente desvalorização da atividade legislativa nos últimos anos, a cobertura jornalística dos diversos parlamentos acabou se reduzindo, e a função de repórter setorista da Câmara Municipal de São Paulo, para citar um exemplo concreto, se transformou numa espécie de castigo. Para lá têm sido enviados ou profissionais em divergência com seus jornais, mas que não podem ser demitidos, por motivos legais, ou estagiários inexperientes, invertendo-se um processo que considerava a cobertura das Casas Legislativas um posto relevante, a ser ocupado por profissionais experimentados e altamente qualificados. E, por extensão, o espaço ocupado pelo noticiário dessas Casas reduziu-se drasticamente, exceção feita ao Congresso Nacional.

Terceira limitação: a pauta é elaborada hoje, nos grandes jornais, por um pequeno grupo de profissionais, o que acabou criando uma categoria específica, ao lado de repórteres, redatores e editores: o pauteiro. E ela é discutida também em círculo fechado, em uma reunião dos editores das diferentes seções dos jornais ou revistas, sem a participação, a não ser eventual, de repórteres e redatores. Ou seja, quem acolhe a notícia e quem a elabora não tem participação nas discussões sobre o que o jornal ou revista vai publicar, como vai publicar, sob que enfoque, tamanho etc.

Essa deficiência se deve, em boa parte, ao natural crescimento do quadro profissional dos grandes jornais ou revistas. Hoje, as redações de jornais como *Folha de S. Paulo, O Estado de S. Paulo, Jornal do Brasil, O Globo*, de *Veja*, da TV Globo – para citar os principais jornais diários do país, a revista de maior circulação e a rede de TV que detém virtual monopólio de audiência – são compostas por não menos de cem profissionais, aí computados apenas aqueles que trabalham nas sedes, sem incluir sucursais e correspondentes. Seria, obviamente, impossível discutir a pauta diária ou semanal com tão grande número de pessoas. Mas reuniões setoriais, entre os elementos que trabalham numa mesma editoria, poderiam suprir a lacuna e abrir o veículo para alguns assuntos que podem escapar – e geralmente escapam – ao pequeno círculo de pauteiros e editores.

## Meio de informação e controle

A pauta funciona em duas direções: orienta repórteres para o que devem fazer no seu dia a dia e informa as chefias, os diretores e/ou proprietários das diversas publicações sobre quase tudo aquilo que está sendo trabalhado pela redação. Nos grandes jornais já citados, a pauta é hoje um calhamaço de quinze, vinte ou mais laudas, geralmente minuciosa em cada item, e que circula generosamente nos gabinetes da Diretoria. Pelo menos nesses jornais, é totalmente falsa a afirmação feita, certa vez, pelo ministro-chefe das Comunicações Sociais da Presidência da República, Said Fahrat, segundo a qual os donos dos jornais não sabem o que está sendo publicado nos seus veículos. Mesmo os assuntos que surgem no correr do dia – e que, por isso mesmo, não são incluídos na pauta, elaborada no período da manhã e distribuída no início da tarde às chefias e às direções – são imediatamente comunicados aos mandos, invariavelmente com tempo para que as direções da Redação ou da própria empresa deem sua orientação sobre o tratamento, enfoque e até espaço que esse assunto novo vai merecer.

Uma quarta limitação da pauta não é intrínseca a ela e pode ser perfeitamente contornada: ela, de certo modo, condiciona o repórter a obedecer aos quesitos previstos ou pedidos pelos pauteiros. Mas o repórter pode até desconhecer inteiramente a pauta e abordar o assunto da maneira que lhe parecer mais correta. Esse caminho implica um risco: o "mais correto" para o repórter pode não ser o "mais correto" para o editor ou para a chefia de Redação – e, na estrutura extremamente vertical que vigora nas redações, acaba geralmente prevalecendo a opinião dos chefes, em detrimento da visão daquele que realmente acompanha o assunto no local onde ocorre.

É justamente essa verticalização a grande responsável pela disseminação de um razoável grau de apatia e amorfismo nas redações dos grandes veículos de comunicação de massa, atualmente, no Brasil. Os repórteres e redatores – que formam o maior contingente de jornalistas, em qualquer redação – se sentem muito pouco responsáveis pelo produto que estão ajudando a confeccionar. E cria-se, então, um certo automatismo característico de linha de montagem industrial, que colide com a visão (ou desejo) de um trabalho intelectual, como o jornalismo deveria ser.

Idealmente, na verdade, a pauta é um instrumento até dispensável, pelo menos na forma como hoje é adotada pelas grandes publicações: extensa, minuciosa, quase uma receita completa de como cada repórter deve fazer a sua reportagem. O que não acontece, por exemplo, nos grandes jornais norteamericanos, nos quais a pauta é uma mera indicação do assunto cuja cobertura é atribuída a cada repórter. Se ocorresse nos Estados Unidos um escândalo como o das irregularidades na Viação Aérea São Paulo (Vasp), a pauta do jornal norte-americano indicaria: repórter X, caso Vasp. Nos jornais brasileiros, ao contrário, há toda uma série de indicações do que o repórter deve fazer, quais as pessoas que deve ouvir, até que perguntas deve fazer – o que pressupõe desconfiança congênita na capacidade do repórter para apurar devidamente qualquer assunto. Se essa desconfiança tem ou não razão de ser, é o que se discutirá no capítulo sobre a preparação e a formação dos jornalistas.

## O estilo

Se a pauta coloca uma limitação e uma deformação iniciais no ponto de partida do trabalho jornalístico, as chamadas normas de estilo impõem uma segunda limitação, agora no ponto de chegada, ou seja, a hora de escrever um texto para jornal ou revista. Na televisão também há normas, mais de forma do que de estilo, que igualmente condicionam o trabalho do profissional.

A norma básica, central, diz que toda reportagem deve responder a seis perguntas fundamentais (traduzidas dos manuais norte-americanos): quem, quando, onde, como, por quê, o quê. Na prática, o que constantemente ocorre é que alguns dos seis itens básicos a serem respondidos numa reportagem têm peso diferente conforme a notícia. Um exemplo concreto: "O presidente do Banco Central, Ibrahim Eris, anunciou ontem, em entrevista coletiva na embaixada brasileira em Washington, que o governo brasileiro fechou um acordo com o Fundo Monetário Internacional. O acordo permite ao Brasil restabelecer relações com a comunidade financeira internacional. Em consequência do acordo, o FMI emprestará ao Brasil cerca de US$ 2,4 bilhões".

Essa notícia contém todos os elementos pedidos pelas regras básicas da informação, a saber:

1. Quem? O presidente do Banco Central, Ibrahim Eris.

2. Onde? Em Washington, na embaixada brasileira.

3. Como? Em entrevista coletiva.

4. Quando? Ontem.

5. O quê? Um acordo com o Fundo Monetário Internacional.

6. Por quê? Para restabelecer relações com a comunidade financeira internacional e receber US$ 2,4 bilhões.

No entanto, dois desses elementos são secundários: o onde e o como. A notícia teria a mesma importância se o anúncio tivesse sido feito na sede do FMI em Washington ou no prédio do Banco Central, em Brasília. Da mesma forma, nada se alteraria se o anúncio ocor-

O que é jornalismo 25

*O jornalista e a pauta, na ilustração de Emílio.*

resse não em entrevista coletiva, mas em discurso pela televisão ou até mesmo em nota oficial à imprensa.

Até aí, tudo bem. Uma reportagem que responda, com clareza e riqueza de detalhes, a todas essas perguntas, de fato dará ao leitor uma dose extra de informações. Ocorre que, com o passar do tempo, passou-se a exigir (não explícita, mas indiretamente) que todos esses seis elementos figurassem na abertura da reportagem – tecnicamente chamada *lead*. Com isso, desvirtuou-se até semanticamente a palavra *lead*. Em inglês, ela significa "conduzir" – ou seja, o início de qualquer trabalho jornalístico deveria ser suficientemente atraente para conduzir o leitor ao restante do material.

Da forma como o *lead* é encarado hoje, ele se transformou muito mais em um resumo de toda a matéria, como se todos os leitores estivessem interessados apenas no início de cada notícia e não no seu conjunto.

Essa norma não escrita, vigente nos jornais diários (em revistas, até pelo seu caráter não diário, as normas são outras), parte do pressuposto de que o leitor, hoje, não tem tempo de ler toda uma notícia de cinquenta, sessenta ou mais linhas e, assim, se contenta apenas com as dez ou quinze linhas iniciais, que, por isso mesmo, devem conter um resumo de toda a reportagem.

É evidente que o tempo para a leitura de jornais diminuiu bastante, em função do atropelo da vida nas grandes cidades. Mas supor que todos os leitores têm idêntica falta de tempo para todos os assuntos é uma generalização perigosa e discutível. É bem possível que um economista, por exemplo, não tenha tempo para ler o noticiário sobre o Campeonato Paulista de Futebol, mas talvez tenha tempo (e interesse) para ler toda uma notícia sobre o acordo Brasil-FMI.

O esquematismo exagerado conduziu a tal padronização que repórteres e redatores deixaram de ter como característica central o domínio do idioma, de seu próprio estilo pessoal e da melhor maneira de captar o interesse do leitor (conduzindo-o a ler todo o texto), para se transformarem em especialistas em uma técnica: a de redigir informações que respondam as seis perguntas fundamentais, de preferência sintetizando-as no *lead* ou abertura da matéria.

É verdade que, com isso, evita-se a "literatice" em que incidem muitos jornalistas. Mas é igualmente verdade que boa parte dos textos tornou-se simplesmente aborrecida, cansativa, monótona.

Para facilitar a padronização, generalizou-se o emprego do chamado copidesque, outra importação de modelos estrangeiros (fundamentalmente norte-americanos). Copidesque é o nome sofisticado que se dá ao redator, e convém ressalvar que sua introdução em grande escala na imprensa brasileira não se deve apenas à necessidade de padronização, mas também ao crescente volume de informações produzidas fora da sede do jornal e que necessitam ser ajustadas aos padrões, tamanhos e exigências da sede. Hoje, os grandes jornais têm sucursais, correspondentes ou apenas informantes ocasionais nos mais distantes pontos do país, e as notícias por eles enviadas à sede têm, naturalmente, que passar pelas mãos de alguém que ajuste o texto, o tamanho etc., aos padrões do jornal. Esse alguém é o copidesque.

O copidesque funciona como o primeiro filtro pelo qual passa a produção do repórter – o que já ocasiona uma primeira distorção entre a narração do que aconteceu, na visão do repórter, e o que será publicado. É natural que o repórter que presencie determinado acontecimento se impressione mais com alguns detalhes e menos com outros. Ou, então, que reproduza mais extensamente as declarações de uma determinada pessoa e menos as de outra, ambas igualmente envolvidas no episódio. Se for um repórter digno desse nome, passará para o papel também as emoções do fato, ou, pelo menos, as emoções que ele sentiu. Ao ser trabalhado pelo copidesque, o texto do repórter poderá ser expurgado não só da emoção (afinal, o copidesque trabalha permanentemente na Redação e não pode ter sentido emoção alguma com um fato que ele não presenciou) como de alguns dos detalhes aos quais o repórter deu ênfase. Assim, a forma final em que a notícia vai aparecer no jornal é, muitas vezes, mais a de quem não viu o acontecimento do que a de quem o presenciou.

Não se trata, é óbvio, de questionar a existência do copidesque. Sua presença tornou-se imprescindível ante o crescimento do volume de informações procedentes dos mais diversos pontos do planeta a uma redação de jornal. E cada jornal publica não tudo aquilo que ocorre no mundo, mas apenas aquilo que cabe no espaço destinado à informação (nos grandes jornais, esse espaço varia de 40% a 60% do total de páginas de cada edição; o espaço restante é preenchido pela publicidade. E, a não ser em circunstâncias excepcionais, ou seja, quando há um acontecimento extraordinário a ser noticiado, é a publicidade e não a redação que comanda o total de páginas com que será publicado o jornal: um grande volume de anúncios traz consigo um relativo aumento no número de páginas, mas um grande volume de notícias não tem a mesma consequência, a não ser, repito, no caso de um assunto de extraordinária importância).

O que, sim, se pode e deve questionar são as funções que o copidesque acabou por assumir numa redação. Em primeiro lugar, o de filtro quase inevitável de tudo aquilo que é produzido pela Reportagem, até mesmo, na maioria das vezes, pelos repórteres que trabalham na própria sede da publicação. Ora, ou o repórter sabe escrever corretamente, de acordo com as normas estabelecidas pela empresa na qual trabalha, ou deveria ser substituído por outro que preenchesse esse requisito. Admitir a existência de repórteres que necessitem de um "revisor de luxo" de seus textos é absurdo – mas acontece em quase todos os grandes jornais brasileiros.

Em segundo lugar, boa parte dos redatores dos grandes jornais acabou por se transformar em burocratas da informação, entre outros motivos porque a empresa lhes paga salários relativamente reduzidos e eles só trabalham meio período (a legislação brasileira fixa um limite de cinco horas diárias para o trabalho do jornalista, mas tolera mais duas horas extras. Na prática, entretanto, quase todos os repórteres estouram essas sete horas, até porque seria impensável que, digamos, no meio de uma entrevista coletiva importante, ele se levantasse e abandonasse o serviço porque já cumprira as sete horas regulamentares. No caso do copidesque, todavia, é mais fácil o cumprimento do horário e, justamente por isso, há uma crescente tendência para a burocratização da função: inúmeros copidesques têm outro emprego e chegam aos jornais onde trabalham no fim da tarde ou começo da noite, horário em que começa o período de "fechamento" da edição, ou seja, de preparação final dos textos, títulos, legendas etc., período em que sua atuação é mais necessária).

Também como consequência dessa burocratização e dos salários relativamente baixos, gera-se um círculo vicioso: os baixos salários atraem profissionais, no geral, apenas razoáveis e que não têm qualificação superior à dos repórteres, embora acabem tendo poder de manipulação sobre os textos destes.

Igualmente questionável é a padronização, segundo normas que são mais empíricas do que científicas – se é que pode haver cientificismo em se tratando de jornalismo. Afinal, há exemplos de publicações bem-sucedidas tanto na faixa das que seguem rígidas padronizações como daquelas que preferem deixar ampla margem à criatividade e ao estilo pessoal de seus jornalistas. O maior sucesso editorial brasileiro, em matéria de revista semanal, foi atribuído durante anos à extinta revista *O Cruzeiro*, que, na década de 1950, chegou a atingir a marca de oitocentos mil exemplares de tiragem. Só nos anos 1980 é que a revista *Veja* alcançou tal patamar. É óbvio que a população, nos anos 1980, era muito superior à dos anos 1950, significando, na prática, que o recorde de *O Cruzeiro* continua de pé. E *O Cruzeiro* não seguia parâmetros rígidos, apoiando-se, fundamentalmente, na boa qualidade de seu corpo de repórteres e fotógrafos. A revista *Veja* serve como exemplo do extremo oposto.

É também uma publicação muitíssimo bem-sucedida, mas, ao contrário de *O Cruzeiro*, segue uma padronização tão rigorosa que procura dar a impressão de que é escrita pela mesma pessoa da primeira à última linha, no que segue o modelo norte-americano de *Time* e *Newsweek*.

Há, portanto, modelos a serem citados, tanto para defender a padronização absoluta como para condená-la absolutamente. Mas o êxito alcançado pelo vespertino *Jornal da Tarde,* na época de seu lançamento, em 1966, parece fazer a balança pender para o lado da não padronização. O *Jornal da Tarde* alcançou picos de tiragem e mantém, até hoje, uma boa vendagem exatamente porque rompeu completamente com as normas de estilo vigentes (sem mencionar o rompimento também com as regras de apresentação gráfica que caracterizavam os jornais da época). O *Jornal da Tarde* deu ênfase ao chamado lado humano, procurando, em cada reportagem, enfocar mais os homens e mulheres responsáveis por um determinado acontecimento do que o fato propriamente dito. Nessa busca pelo humano – e também pelo original – cometeu até pecados graves de informação: certa vez, dedicou largo espaço a uma corrida de automóveis, falando do público, dos personagens, do espetáculo, sem informar, entretanto, quem vencera a corrida.

Esse exemplo demonstra que a não padronização não deve ser sinônimo de busca obsessiva da originalidade. A função de um jornal ou de qualquer publicação não é apresentar textos de grande originalidade, mas simplesmente apresentar bons textos, com muita informação e rigorosa exatidão. A forma que toma esse texto – estabelecidas certas premissas básicas – é que deveria ser deixada a critério de seus repórteres e redatores. Afinal, uma das melhores publicações de todo o mundo – o vespertino francês *Le Monde* – dá a seus repórteres tal margem de liberdade ao escrever que eles podem começar a narrativa de, por exemplo, um golpe de Estado na América Central pela descrição do nascer do sol no Caribe, sem que isso choque seus leitores. Nos jornais brasileiros, só um nome absolutamente consagrado correria o risco de fazer o mesmo. Nas revistas, entretanto, esse esquema é até certo ponto habitual, o que é explicável: o fato em si (o golpe de Estado) já foi notificado pelos jornais, pelo rádio e pela televisão. À revista sobra ou o aprofundamento da informação, com detalhes inéditos e exclusivos (o que é a cada dia mais difícil de obter, ante a massificação da informação), ou a análise dos antecedentes e consequências do fato – um caminho que os jornais também percorrem, ao menos parcialmente, e que esbarra num obstáculo fundamental a ser examinado mais adiante: entre a análise e o comentário puro e simples, as fronteiras são algo indefinidas, o que leva a maioria das publicações a evitar a análise, substituindo-a pelo editorial, mesmo porque é comum a opinião do repórter ou redator não coincidir com a da publicação. No editorial, não há esse risco: ele é a *verdade* daquela publicação e ponto final.

Contra a padronização absoluta, pesa ainda o fato, já mencionado antes, de que alguns jornalistas podem infringir as normas básicas, sem riscos. Tome-se o exemplo do jornalista Paulo Francis, ex-correspondente da *Folha de S. Paulo* em Nova York. Profissional de larga experiência, inclusive em funções de chefia, com renome em todo o país, o que raros jornalistas brasileiros conseguem, Francis utilizava um estilo personalíssimo. Misturava informações, comentários, ironias (às vezes pesadas) e recordações pessoais – tudo em franco contraste com as notícias publicadas ao lado de seus textos, com base nos despachos das agências internacionais e preparadas de acordo com as normas corriqueiras do jornalismo.

Nem por isso Francis deixava de ser um dos jornalistas mais lidos do país, conforme atestavam pesquisas feitas pela própria *Folha*. Detalhe: os textos mais comentados de Paulo Francis eram exatamente os que saíam nos cadernos de cultura/entretenimento. Em geral, tais textos ocupam toda uma página, o que não deixa de ser um desmentido à tese de que o leitor não tem tempo para ler textos grandes.

## Por quê, a questão central

Com ou sem padronização, é muito provável que um jornalista que consiga responder, com exatidão e o maior número possível de detalhes relevantes, às seis questões fundamentais de cada acontecimento (o que, quem, onde, como, quando, por que) produzirá um trabalho jornalístico no mínimo aceitável. Mas, no universo informativo atual, uma dessas seis perguntas deveria merecer prioridade sobre as outras: *por quê*. O porquê de um determinado fato envolve uma investigação profunda sobre seus antecedentes e consequências e uma razoável soma de conhecimentos sobre o tema que está sendo tratado. E é imperioso que a imprensa se debruce sobre os porquês, na medida em que rádio e televisão têm limitações congênitas para invadir esse terreno. O universo do rádio e da televisão é feito de sons ou sons e imagens, justamente a grande vantagem desses veículos sobre o jornal e a revista. O rádio ganha em rapidez, é o único capaz de informar no mesmo instante em que o fato está acontecendo. A televisão, menos flexível porque a sua característica central (a imagem) necessita de um equipamento que demanda certo tempo para chegar ao local do fato, ganha, por sua vez, exatamente por ser a única a mostrar imagens em movimento. Ressalve-se que o verbo ganhar não está sendo empregado no sentido de competição; a rigor, não há uma competição direta entre rádio e televisão ou entre rádio, TV e o jornalismo impresso. Todos e cada um têm seus meios e recursos próprios de expressão, interpenetrando-se e complementando-se. Houve, de fato, momentos em que se temeu que o advento e a massificação do rádio, primeiro, e da televisão, posteriormente, acabassem com o jornalismo impresso. Rapidamente todos perceberam que isso não só não aconteceria como poderia suceder até o inverso, ou seja, rádio e televisão funcionando como uma espécie de propaganda para o jornal do dia seguinte.

No Brasil – ou, particularmente, em São Paulo – o exemplo mais gritante dessa complementação foi dado no incêndio do edifício Joelma, no centro de São Paulo, no ano de 1974: o incêndio começou cedo e tomou proporções dramáticas (no final, mais de cem mortos).

As emissoras de TV instalaram seus equipamentos nas imediações do prédio em chamas e transmitiram horas e horas, ao vivo, a tragédia, captando detalhes, cores e sons, que nem o mais hábil dos escritores conseguiria atingir para transmitir aos leitores dos jornais do dia seguinte. No entanto, apesar dessa concorrência aparentemente invencível, todos os jornais venderam a totalidade de suas tiragens, com páginas e mais páginas sobre o incêndio. E um deles pelo menos – o *Diário da Noite* – foi forçado a aumentar a sua tiragem, ante a fantástica vendagem.

A constatação dessa complementaridade não significa ignorar que cada tipo de veículo tem – ou deveria ter – seu eixo específico. E se rádio e televisão já os têm, naturalmente (a rapidez, no caso do primeiro, a imagem, para a TV), a imprensa, pelo menos no Brasil ainda tateia na busca de sua especificidade. É nesse ponto que insisto em colocar a ênfase, para a imprensa, no porquê. O fato seco, o "aconteceu", vai ao ar, pela televisão, na noite anterior – e, quando é um fato realmente importante, vai ao ar mais de uma vez na mesma noite. O rádio consegue, muitas vezes, anunciar o "aconteceu" antes mesmo do anoitecer. Essa constatação não desobriga o jornal de reproduzir o fato seco, o mero "aconteceu", mas, se ele se limitar a isso, estará sendo simplesmente um veículo amanhecido e sem graça, na medida em que o seu "aconteceu" não pode ser acompanhado de sons e imagens, embora possa ser mais rico em detalhes.

Mas é razoável supor que o universo restrito dos leitores de jornais busque um aprofundamento e queira entender melhor o "aconteceu". E é tamanha a complexidade e diversidade de assuntos que afetam diretamente a rotina dos cidadãos ou lhes interessam pela curiosidade e/ou necessidade de conhecimento que ele precisa ser ajudado a entendê-los. Ele merece explicações dos jornais. Seria impensável que um leitor qualquer, por mais ilustrado, culto e bem informado que fosse, pudesse acompanhar e entender informações secas sobre medicina e política, energia nuclear e Afeganistão, educação e meio ambiente. Não. Ele necessita de um aprofundamento, um questionamento que o jornal (ou revista) deveria estar em condições de fornecer.

Evidentemente, não é fácil. A dificuldade inicial é que também os jornalistas não podem ter uma carga tão universalizada de conhecimentos que lhes permita escrever, com a mesma facilidade, sobre medicina e política, energia nuclear e Afeganistão, educação e meio ambiente. Há, é verdade, um crescente número de jornalistas especializados em diferentes temas – especialização forçada pelas circunstâncias antes apontadas. Mas a gama de assuntos é tão ampla que as empresas jornalísticas, mesmo as maiores, não têm condições econômicas de manter em seus quadros especialistas para todos os tópicos que aparecem nos jornais (ou revistas), exceto, é óbvio, as revistas especializadas em um ou poucos temas. Essa dificuldade estrutural pode ser amenizada – mas não completamente sanada – por meio de providências relativamente simples, mas, infelizmente, pouco generalizadas: uma delas é o jornalista não especializado em um determinado tema que lhe compete tratar recorrer aos arquivos de sua publicação e armar-se do maior número possível de informações já publicadas, referentes ao tema. É evidente que isso demanda tempo – e tempo é o artigo de que menos dispõe o profissional (há exceções, é lógico, que apenas confirmam a regra). Outro caminho, este da alçada direta das empresas jornalísticas, é a manutenção de um quadro, mesmo informal, de consultores, formado por especialistas em cada área, que poderiam ministrar ao repórter uma pequena aula sobre um tema determinado, antes que ele iniciasse o seu trabalho de levantamento de dados ou no momento de redigir as informações já coletadas.

A *Folha de S. Paulo* iniciou um processo de seminários internos que busca dar mais base a seus profissionais. Convida especialistas para falarem sobre temas de sua especialidade, para repórteres e redatores da editoria que cuida desse assunto. O trágico é que o interesse por esses seminários raramente tem sido grande. O que, ao menos em tese, demonstra que nem todas as culpas pelas lacunas no trabalho dos jornalistas podem ser atribuídas às empresas.

A segunda dificuldade na busca do porquê é de natureza política. Cada fato pode ter muitas explicações, conforme a ótica política de cada um que o examine – e a ótica política do repórter e/ou redator não coincide necessariamente com a de seu editor ou de seu chefe de Redação – ou, finalmente, de seu diretor, dono da palavra final quanto ao que vai ser publicado ou levado ao ar, no atual esquema do jornalismo brasileiro. Tomemos um exemplo concreto: a crise internacional desencadeada pela invasão do Kuait pelo Iraque, no dia 2 de agosto de 1990. Antes de entrar no assunto, um pouco de memória: o Iraque tem uma antiga reivindicação a respeito do território do Kuait, que julga ser parte de seu próprio território. Tem também interesse nos campos petrolíferos do Kuait. Além disso, contraiu uma dívida imensa com os emires kuaitianos, que ajudaram o Iraque na guerra contra o Irã (1980/1988). Houve um tormentoso processo de negociação, encerrado horas antes da invasão.

Em seguida à invasão, os Estados Unidos lideraram um processo que impôs sanções econômicas e diplomáticas ao Iraque e decidiram enviar um grande contingente militar ao Oriente Médio. O governo norte-americano dizia que a força militar destinava-se a evitar que o Iraque invadisse também a Arábia Saudita e poderia ser usada, como último recurso, para obrigar o Iraque a desocupar o Kuait.

Só essa memória já fornece uma série de interrogações e interpretações potencialmente divergentes.

Exemplos:

1. A invasão do Kuait foi um ato de violência ou apenas o exercício da soberania iraquiana sobre um pedaço de território que julga ser seu?

2. Os Estados Unidos deslocaram forças para a Arábia Saudita para protegê-la de uma possível invasão ou para tomar posse de um território riquíssimo em petróleo?

3. Justifica-se o emprego de sanções econômicas e diplomáticas contra um país que ocupa outro, se Israel, na mesma região, ocupou territórios que eram da Jordânia, da Síria e do Egito e não sofreu punição alguma?

4. Justifica-se uma potência externa intervir em um assunto que alguns líderes árabes julgam ser de exclusivo domínio dos próprios árabes?

A lista de perguntas poderia ser estendida quase ao infinito. É muito possível que as respostas pudessem ser várias para cada pergunta. Afinal, na maioria dos acontecimentos – principalmente os de natureza política, social ou econômica – o porquê pode depender da visão política, ideológica, histórica ou até religiosa de cada um. Por isso mesmo fica imensamente difícil responder aos porquês de cada fato.

Essa dificuldade, por mais intransponível que possa parecer, não isenta o jornalista de buscar os porquês, ainda que não possa publicá-los todos. Mas é fundamental que ele os conheça, até porque é quase impossível preparar uma boa reportagem sem que o jornalista saiba o porquê das coisas ou ao menos julgue sabê-lo.

É sempre possível mencionar numa reportagem as diferentes possibilidades, atribuindo-as, conforme for o caso, às fontes de informação que compartilham de cada uma delas. Mas não basta colecionar respostas, abrir aspas e atribuí-la a uma determinada pessoa. É preciso fundamentar, ao máximo, cada uma das respostas dadas.

É óbvio que se alguém disser ao jornalista que o Iraque invadiu o Kuait porque Maomé em pessoa apareceu diante do presidente do Iraque e lhe ordenou que invadisse o país vizinho, essa resposta não merece consideração. A menos que o informante possa provar, sem a menor sombra de dúvida, que tal aparição realmente ocorreu. Pode parecer ironia, mas esse é um bom exemplo para demonstrar que o jornalista não pode, nunca, desprezar nenhuma versão, por mais exótica ou maluca que pareça. Não ter preconceitos é um bom caminho para acertar ou, ao menos, para errar menos.

## Mais filtros

O copidesque não é o único e talvez sequer seja o mais importante filtro entre o fato, tal como o viu o repórter, e a versão que finalmente aparece publicada no jornal ou revista ou difundida pela TV ou rádio. Há outros filtros sucessivos: inicialmente, o editor, que é o chefe de seção (Editoria) para o qual trabalha o repórter. Os grandes jornais adotam, atualmente, uma divisão por editorias que oferece algumas variações de jornal para jornal, mas basicamente compreende as seguintes chefias: Política (que pode ou não ser desdobrada em Política e Administração, sob uma chefia, e Nacional, sob outra, esta abrangendo os demais assuntos ocorridos fora da cidade onde se imprime o jornal e que não cabem nas demais editorias); Internacional, Local, Interior, Educação, Economia, Esportes, Cultura/Lazer/Artes/Entretenimento.

Completa o quadro outra chefia, não diretamente ligada ao processo de edição – ou seja, à forma final, editorial e gráfica, que toma o jornal –, mas ao processo de produção, isto é, a todo o ciclo de captação de notícias: a chefia de Reportagem, que comanda um grupo de repórteres que produzem matérias, alternadamente, para as diferentes editorias. Em alguns jornais, o chefe de Reportagem acumula também a função de pauteiro, já mencionada anteriormente, e de chefe das Sucursais e Correspondentes – ou seja, de todo o grupo de jornalistas que trabalha fora da sede central da empresa. Nesse caso, acaba sendo, mais adequadamente, chefe de Produção e não apenas chefe de Reportagem. Há publicações, entretanto, que separam uma e outra função.

Os filtros pelos quais passa o material produzido tanto pelos repórteres que trabalham na sede como pelos que atuam em outras cidades são os seguintes: o editor decide se o enfoque por ele seguido é ou não correto. No caso do repórter da própria sede, a orientação pode ser dada antes que ele escreva, mas, para os que trabalham como correspondentes, ou em sucursais, se o editor decidir mudar o enfoque, a matéria terá de ser refeita pelo copidesque.

Segundo filtro: o tamanho. Cabe também ao editor decidir se uma determinada reportagem merece 60 ou apenas 20 linhas. E é uma decisão que obedece a critérios não apenas políticos ou jornalísticos, mas também ao espaço de que aquela Editoria dispõe para publicar todo o material que recebe em determinado dia.

Terceiro filtro: o tamanho do título. É evidente que uma notícia publicada com um título forte chamará mais a atenção do que outra com título pequeno.

E, também nesse caso, o filtro pode ser político, jornalístico ou puramente gráfico – ou, às vezes, todos eles ao mesmo tempo.

Quarto filtro: colocação na página. É também óbvio que uma reportagem colocada no alto de uma página atrai mais a atenção que outra, escondida num canto de página. Os critérios são os mesmos.

Finalmente, compete ainda ao editor indicar (quando não o faz ele próprio) qual o título que considera ideal para a reportagem. E como o título é necessariamente a primeira coisa que o leitor vai ler, sua importância é fundamental. Uma excelente reportagem,

*A composição de um grande jornal no início da década de 60.*

até com denúncias bombásticas, pode ser neutralizada por um título anódino.

Não é tudo: acima dos editores, há a cúpula da Redação, que influi decisivamente em todo o processo, desde a pauta até a edição final. O homem-chave, na cúpula, é o secretário de Redação, espécie de alma e coração de um jornal, que, mais recentemente, ganhou uma designação mais sofisticada: editor-chefe. Além da supervisão geral de todo o noticiário, o secretário decide a "cara" do jornal, ou seja, a primeira página. E é outra decisão fundamental: diariamente, cada jornal publica seguramente vinte ou mais notícias dignas de um registro também na primeira página, mas esta, principalmente pelo maior apuro gráfico exigido do "rosto" do jornal, comporta um número menor de informações.

Em tese, é o critério jornalístico – subjetivo e fluido, como já se viu ao longo destas páginas – que determina as decisões a serem tomadas por editores e pelos chefes de Redação. E, na maior parte dos casos, esse é o critério central a influir nas decisões. Mas, quando o assunto é de grande relevância, entra em ação um segundo critério, que se sobrepõe ao primeiro: o julgamento político, em função das posições que cada jornal adota. Esse segundo critério permeia todas as decisões anteriormente enunciadas, ou seja, influi poderosa ou decisivamente no tamanho da reportagem, no tamanho do título, na colocação na página, na chamada (ou ausência dela) na primeira página –, e, algumas vezes, até na não publicação de uma determinada notícia que contrarie os interesses fundamentais ou a visão político-ideológica da empresa editora do jornal ou revista.

A campanha eleitoral para a Presidência da República, em 1989, permitiu incontáveis exercícios de sobreposição do critério político ao jornalístico. Como a maior parte da mídia estava apoiando Fernando Collor de Mello ou, no mínimo, hostilizando seus perseguidores mais imediatos (Lula e Leonel Brizola), quase todos os títulos eram "puxados" de forma a favorecer Collor.

Houve até momentos em que a queda de Collor nas pesquisas era ocultada, no título, que preferia destacar a queda (ou avanço) de algum outro candidato.

Mesmo depois da posse de Collor, essa tendência continuou. O exemplo mais típico foi dado pela Rede Globo de Televisão, na edição que noticiou pesquisa feita pelo Ibope a respeito de como a população julgava o governo Collor, então às vésperas de completar seis meses de gestão.

A emissora informou que 79% dos pesquisados aprovavam o desempenho do governo, 19% não aprovavam e 2% não responderam. Ora, a pesquisa, na verdade, dizia que 8% achavam ótimo o governo Collor, 27% consideravam-no bom, 44% apenas regular, 8% ruim e 11% péssimo. O que a Globo fez foi somar ótimo, bom e até regular como aprovação, obtendo 79%. Ora, a cotação regular não significa aprovação, como também não significa reprovação.

Uma emissora que fosse de oposição sistemática ao governo estaria, por esse método, no direito de dizer que 63% dos pesquisados desaprovavam o governo. Bastaria somar aos 44% de regular, os 8% de ruim e os 11% de péssimo.

# A BATALHA POR FORA

Embora a batalha da informação tenha lances vitais vividos dentro de uma Redação, como já se viu, ela também ocorre fora dela. A coleta de informações precisas, acuradas e, dentro do possível, aprofundadas, é – ou, ao menos, deveria ser – o foco central do jornalismo. No caso brasileiro, em função dos longos anos de arbítrio, de uma larga época de censura prévia a algumas das mais importantes publicações brasileiras, e da autocensura, sequela quase inevitável da censura direta, está ocorrendo uma distorção grave do trabalho jornalístico: prefere-se a declaração à informação.

E é fácil entender por que: a declaração compromete quem a faz, não quem a veicula, ao passo que a informação, no geral, é de responsabilidade do jornalista. Não que haja qualquer restrição maior à coleta de declarações. Ao contrário: elas são necessárias e podem ajudar a compor um quadro informativo que facilite o entendimento, pelo leitor, daquilo que está ocorrendo. O que não deveria ocorrer é o desvio da ênfase noticiosa da informação para a declaração.

Um exemplo bastante ilustrativo de como a declaração, pura e simples, pode distorcer violentamente o noticiário: durante o golpe de novembro de 1979, na Bolívia, o enviado especial do jornal carioca *O Globo* empenhou-se decididamente em conseguir uma entrevista, de preferência exclusiva, com o coronel Alberto Natusch Busch, autor de um golpe que enfrentava séria resistência da sociedade civil e até de alguns setores institucionalistas das Forças Armadas. A paciência e o empenho do repórter acabaram recompensados: certa manhã, ele conseguiu cercar o coronel, à entrada do Palácio de Governo, e extraiu dele declarações exclusivas. *O Globo* dedicou manchete ao tema, com um título que dizia, a partir das declarações do coronel, que seu movimento estava consolidado no poder e respaldado pelas Forças Armadas. No mesmo dia em que o jornal carioca circulava com esse título, Natusch Busch deixava o poder, entregando-o à presidenta do Congresso, sob pressão da sociedade e pela falta de unidade interna nas Forças Armadas.

Conclusão óbvia, extensiva à maior parte do material jornalístico: uma declaração, mesmo exclusiva e mesmo partindo de uma fonte altamente credenciada, como era o caso, não corresponde, necessariamente, à verdade, até porque a pessoa que a faz, obviamente, não vai dizer coisas que possam prejudicá-la, política, social, econômica ou moralmente.

Por isso mesmo, o jornalista, ao partir para a coleta de informações, deve estar municiado do maior número possível de dados sobre o assunto de que vai tratar. No caso do exemplo citado, uma correta avaliação da situação então reinante na Bolívia indicaria que o repórter deveria complementar as declarações do coronel Natusch Busch com as informações, abundantemente disponíveis, que indicavam justamente o contrário do que o militar estava declarando. Em outros casos, uma carga o mais ampla possível de antecedentes, estatísticas, avaliações etc., de uma determinada situação, permite ao jornalista questionar seriamente o seu entrevistado, evitando, assim, transformar-se num mero *gravador de luxo,* que transcreve mecanicamente tudo aquilo que o entrevistado afirma.

## As fontes

Evidentemente, abastecer-se de informações sobre os antecedentes de um assunto não basta. Para compor uma reportagem, o jornalista vale-se, fundamentalmente, de fontes de informação, conhecedoras do tema, mas também nele interessadas (direta ou indiretamente, política ou economicamente, em busca de prestígio, vingança ou qualquer outro motivo). Extrair dessas fontes informações que as prejudiquem é, evidentemente, muito difícil, se não impossível. Cabe, então, ao repórter, pesar cada informação passada pelas fontes, confrontá-la com outras, oriundas. de outros informantes, avaliá-la em função de seus próprios conhecimentos ou informações anteriores sobre o tema – e, assim, compor o seu próprio quadro.

Cultivar as fontes de informação é, portanto, exercício indispensável ao jornalista. Mas há maneiras e maneiras de fazê-lo – e a mais difícil é a única correta: pela rigorosa honestidade no trabalho jornalístico. Pode-se corromper uma fonte, seja pelo meio mais grosseiro, da compra pura e simples, seja estimulando a sua vaidade de aparecer nos jornais, revistas etc. Pode-se fazer o jogo dela, "plantando" no jornal uma notícia de interesse dessa fonte, ainda que não seja verdadeira no todo ou em parte. Esses – e há muitos outros – são os caminhos mais fáceis. Mas o caminho correto é fazer-se respeitar pela irrestrita dignidade no comportamento pessoal e profissional. Há inúmeros exemplos de jornalistas que, pela sua honestidade, são respeitados pelas fontes de informação, mesmo quando veiculam notícias que não as agradam.

A necessidade de cultivar fontes, somada à já referida impossível neutralidade do jornalista diante dos fatos que ocorrem, abre caminho para um outro tipo de risco nesse relacionamento, um risco sutil que, às vezes, se apresenta imperceptivelmente: a distorção pela amizade. Ocorre, muitas vezes, que um jornalista, de tanto manter contatos com uma determinada fonte e por se identificar, política ou pessoalmente, com ela, acaba confundindo as coisas e transforma a *fonte* em *amigo*. Claro está que o jornalista não está proibido de ter amigos, ainda que estes sejam, simultaneamente, fontes de informação. O problema é não perder, diante deles, o senso crítico – outra característica central do jornalismo. Às vezes, é necessário, por ser honesto e correto, criticar o amigo ou publicar uma informação que o desagrade. E, se o amigo for digno desse nome, nada ocorrerá. Mas a proporção de vezes em que ocorre o rompimento da amizade, reconheça-se, é ainda maior.

## Quem são as fontes

Toda pessoa, em tese, pode ser uma fonte de informação: o contínuo de uma repartição pública ou o ministro de Estado, chefe da mesma repartição; o secretário-geral de um partido político ou um simples militante de base da mesma agremiação; o presidente de um clube de futebol ou o roupeiro – e assim por diante. A diferença essencial entre uns e outros é que, no geral, o ministro, o secretário-geral e o presidente do clube são fontes mais *autorizadas* do que o contínuo, o militante e o roupeiro. Resta saber se são, também, mais *confiáveis* – o que só o próprio repórter, com a sua experiência pessoal ou por informações de companheiros conhecedores do assunto, pode decidir.

E, para decidir, é fundamental checar as informações, conferir sempre, exaustivamente, não desprezar uma única fonte (por menos informações que ela, aparentemente, tenha). Aqui também, esse é o caminho mais difícil: afinal, nos últimos anos, governos e empresas privadas montaram sofisticados e complexos aparelhos de comunicação social, destinados a fornecer à imprensa as informações de seu interesse – e que podem não ser de interesse público – e para escamotear, quando não ocultar simplesmente, aquelas que não o são – e que podem ser, justamente, as de interesse social.

Hoje, toda repartição pública que se preze, toda empresa de médio ou grande porte tem o seu "relações públicas" ou "assessor de imprensa", para o qual são encaminhados, como primeiro passo, os repórteres que procuram informações nesses locais. Ali, os repórteres podem se abastecer com *press releases* – comunicados de imprensa –, muitas vezes requintados, coloridos, cheios de gráficos, brilhantes. Contêm tudo o que a empresa ou repartição gostaria que se dissesse dela. E muito pouco, ou nada, daquilo que o repórter realmente gostaria de saber, pelo menos no caso brasileiro. Há exceções, evidentemente: no caso de assuntos festivos (inaugurações, lançamentos, homenagens, discursos), de fato os *press releases* acabam fornecendo substancioso material, mesmo para os repórteres mais exigentes. Mas, nos assuntos críticos (e, repito, a crítica é elemento central no jornalismo), esconderam, muito mais do que revelam, se é que revelam algo.

Um exemplo concreto: durante a greve dos operários metalúrgicos do ABC paulista, em abril/maio de 1980, a Volkswagen do Brasil distribuiu aos jornais, pelo telex, um comunicado informando que retomara, naquela data, a produção de veículos, fornecendo, inclusive, os números de carros de cada marca produzidos. Os jornais engoliram, na sua esmagadora maioria, a informação, que contrastava com os dados fornecidos pelos grevistas, segundo os quais as linhas de montagem de todas as indústrias automobilísticas situadas na região continuavam paralisadas, em função do grande contingente de operários que aderira à greve. Entre a informação de um grupo de operários que sequer dispunha de seu sindicato (então já sob intervenção federal) e de seus líderes mais conhecidos (presos no Departamento Estadual de Ordem Política e Social) e a informação de uma empresa poderosa, com um grande aparato de comunicação social, optou-se por esta, sem nenhum questionamento. Só no dia seguinte é que os repórteres que cobriam a greve, *in loco*, decidiram checar diretamente a informação. Apesar da oposição dos assessores de imprensa da Volkswagen, conseguiram entrar na fábrica. E viram e fotografaram as máquinas paradas, um ou outro operário dormindo em plena linha de montagem, por falta do que fazer, ante a ausência

*A linha de montagem da Volkswagen parada na greve da década de 1980.*

maciça nesse setor que, como o nome diz, é uma linha contínua que só funciona quando cada subsetor está trabalhando normalmente.

## As fontes oficiais

O caso da Volkswagen demonstra, claramente, a necessidade imperiosa de checar tudo e checar sempre, se o jornalista quiser de fato veicular informações corretas. Questionar continuamente é uma característica central do trabalho de campo do repórter. E também essa característica foi vítima dos longos anos de arbítrio: perante a autoridade, todo-poderosa nos anos de ditadura, o repórter foi perdendo a postura crítica, a capacidade de formular as perguntas inconvenientes ou desagradáveis, mas necessárias. Nesses anos todos, passaram para o papel impunemente toneladas de bobagens ditas pelos poderosos de turno, engoliram-se milhares de *press releases* que deturpavam vergonhosamente a realidade.

E o arbítrio, todos sabem, deixa sequelas mesmo quando, posteriormente, é atenuado. Fica um resíduo, no caso particular da imprensa, de autocensura, de contenção desnecessária diante do poderoso. Os repórteres, com as exceções de praxe, continuam se comportando como se sobre eles ainda pesasse a possibilidade de punição pelo Ato Institucional nº 5, o mais violento instrumento de arbítrio no Brasil dos últimos vinte anos.

Quanto mais alta é a autoridade, tanto maior a contenção dos repórteres diante dela. Veja-se, por exemplo, o caso das reuniões diárias entre os porta-vozes da Presidência da República e os repórteres credenciados no Palácio do Planalto (reuniões chamadas *briefings*, no jargão da imprensa, outra importação dos Estados Unidos): em uma delas, Alexandre Garcia, subsecretário de Imprensa da Presidência, defendeu a necessidade de aprovação, pelo Congresso, de um novo Estatuto dos Estrangeiros (projeto que era alvo de duras críticas de toda a imprensa e de todos os setores representativos da sociedade civil), alegando que um "país oriental" não especificado pressionava o Brasil para aceitar dez milhões de imigrantes. A espantosa notícia, contendo cifra tão disparatada, foi veiculada em todos os jornais – ainda que muitos, em editoriais ou artigos assinados por seus colaboradores, manifestassem aberto descrédito em relação à veracidade da informação. Faltou, na hora em que a informação era passada adiante, observar ao porta-voz que era desnecessário um novo Estatuto, na medida em que o já vigente estabelecia que somente algumas profissões, das quais havia extrema carência interna, tinham livre acesso ao Brasil. Usando, portanto, o velho Estatuto, se poderia enfrentar as fantásticas "pressões" – argumento muito mais poderoso para derrubar as explicações do porta-voz oficial do que duvidar, simplesmente, de sua informação, embora os números citados fossem, realmente, tão impressionantes que só podiam levar ao descrédito.

    Os exemplos citados evidenciam algumas das principais armadilhas usadas na batalha da informação. Nesse cipoal de desinformação, prepotência, tergiversações, parece mais fácil errar do que acertar, ainda mais que o jornalista, para enfrentá-lo, necessita do apoio da empresa para a qual trabalha e que, não raro, não tem desejo ou condições de opor-se aos grandes interesses econômicos ou aos poderosos do momento. Quando isso ocorre, sacrifica-se o elo mais fraco – o jornalista – e com ele a verdade. Quando acontece o contrário, ganham menos a empresa e o jornalista e mais o público, afinal o destinatário da informação.

# A BATALHA DA PROPRIEDADE

Existe ou não liberdade de imprensa no Brasil?

A resposta a essa pergunta foi muito fácil, durante os últimos anos, nos quais prevaleceu a censura prévia a um bom número de publicações e avisos telefônicos a emissoras de rádio e televisão, proibindo a difusão de determinadas notícias. Nessas condições, a resposta óbvia só poderia ser *não*. E, nesse ponto, estavam de acordo jornalistas e proprietários dos meios de comunicação social. No entanto, a censura prévia foi sendo, aos poucos, levantada, a partir de 1975, e, em 1978, deixou de ser aplicada aos três últimos jornais que a sofriam: os semanários *Movimento* e *O São Paulo* (este, pertencente à Igreja) e o diário *Tribuna de Imprensa*, do Rio de Janeiro. Da mesma forma, começaram a diminuir, até cessar de vez, os avisos telefônicos às emissoras de rádio e TV proibindo notícias.

Não seria, portanto, exagero afirmar que, a partir de 1979, o governo pôs fim à censura à imprensa. Ficou de pé, de qualquer forma, uma Lei de Imprensa anacrônica, que, entre outras coisas, impede a prova da verdade contra o Presidente da República. Mas, apesar dessa limitação, o quadro brasileiro oferece razoável margem de liberdade para a imprensa, no que toca à ação governamental.

A grande discussão dos anos 1980 e que invadiu também a década de 1990 é o fato de que parece haver mais liberdade de empresa do que liberdade de imprensa. Ou seja, os donos dos meios de comunicação são livres para veicular o que lhes parece mais conveniente, mas os jornalistas que trabalham nesses veículos têm uma liberdade incomparavelmente menor.

Essa é uma discussão complexa. De um lado, há o fato evidente de que seria difícil aceitar o que se poderia chamar de contrabando ideológico. Traduzindo: seria difícil aceitar que um jornalista de esquerda enfiasse em um jornal conservador ideias e/ou informações de seu interesse, contrariando a linha editorial básica do veículo.

Mas também é difícil aceitar que os jornalistas não tenham a possibilidade de influir ao menos na correção de distorções que o veículo em que trabalham está cometendo, muitas vezes deliberadamente, em função dos interesses políticos e/ou comerciais de seus proprietários.

É verdade que a divisão esquerda/direita soa meio anacrônica hoje em dia, após a falência do chamado socialismo real, praticado pela União Soviética e imposto aos países do Leste Europeu durante os quarenta anos que se seguiram à Segunda Guerra Mundial. Mas é também verdade que o leque ideológico aberto na grande imprensa não é do tamanho do leque ideológico da sociedade brasileira como um todo.

Agrava o problema o fato de que a imprensa alternativa, de razoável sucesso nos anos de ditadura militar, murchou com a abertura política.

## Comitês ou sovietes?

Nas campanhas profissionais dos últimos anos, alguns sindicatos de jornalistas têm pleiteado dos empregadores essa participação, na forma de comitês de redação, eleitos em cada uma delas e com incumbências específicas. E os empresários têm, sistematicamente, rejeitado tal petição, sob a alegação, não explícita, de que os comitês seriam, na prática, "sovietes" de jornalistas, que se apossariam, aos poucos, do jornal, revista ou TV em que se instalassem, mudando as posições editoriais que seus donos defendem. Até certo ponto, a alegação tem um fundamento: sempre há o risco de que, em redações nas quais há grande número de elementos de uma mesma corrente partidária ou ideológica, esse grupo monopolize os comitês de redação e passe a impor seus pontos de vista, frustrando os objetivos democratizantes da proposta original. Mas esse risco, creio eu, é mínimo: na maioria das redações, há uma ampla gama de tendências políticas (ou partidárias) representadas, ao lado de uma grande apatia ou amorfismo político. Talvez não seja exagero afirmar que a maioria dos jornalistas não tem uma clara opção político-ideológica. E, por isso mesmo, há o receio do empresariado de que os demais jornalistas, politicamente definidos e com disposição para a ação, ao contrário dos amorfos, acabem por prevalecer. O problema existe, é forçoso reconhecê-lo. Mas o caminho para superá-lo não é simplesmente negar-se a discutir a possibilidade de comitês de redação – ou qualquer outra fórmula que permita a participação dos jornalistas na orientação editorial de qualquer veículo de comunicação – e, sim, combater a apatia e estimular a participação de todos. O segredo de qualquer comunidade realmente democrática é justamente a participação de todos (ou, ao menos, da grande maioria) nas decisões que a todos afetam. Não há por que não aplicar esse conceito também à pequena comunidade que é uma redação de jornal, revista ou TV, ainda mais que esse pequeno núcleo trabalha com um artigo que afeta, direta ou indiretamente, a vida de núcleos bem maiores: a informação.

## Um exemplo: *Le Monde*

A discussão dessa questão é tanto mais necessária quando se considera que há exemplos, fora do

Brasil, de bem-sucedidos mecanismos de participação dos empregados na gestão de empresas jornalísticas. O mais clássico de todos é o do jornal francês *Le Monde*, um dos mais respeitados em todo o mundo. No *Le Monde*, a Sociedade dos Redatores detém 40% do capital da empresa, ficando mais 9% para a Sociedade dos Quadros e para a Sociedade dos Empregados. Os patrões ficam com 40% e os gerentes com os 11 % restantes. A participação financeira representa uma arma de defesa dos redatores que, tendo uma minoria com poder de veto, podem influir na política redacional do jornal, decidir sobre os grandes investimentos, designar gerentes e diretores. A própria imprensa brasileira acompanhou, em 1980, a eleição do diretor do jornal, feita pelos próprios redatores – ação que, aliás, esteve na origem da Sociedade dos Redatores: ela foi criada para se opor à intenção dos proprietários de demitir o jornalista Hubert Beuve-Meury, então diretor, no ano de 1951.

No caso do *Le Monde*, as decisões da vida cotidiana do jornal continuam sendo de competência exclusiva da direção, mas as diferentes Sociedades internas instituíram conselhos que influem na política global. A Sociedade dos Redatores, por exemplo, instituiu os "Conselhos de Redação", que, periodicamente, reúnem diretores e jornalistas para debater contratações, demissões, reajustes salariais, controle da publicidade, grandes orientações políticas da redação e assim por diante.

É um caminho, talvez imperfeito, mas sempre mais democrático que o adotado nas publicações brasileiras, nas quais a direção da empresa toma todas as decisões, raramente consultando os jornalistas. É um caminho que não levou o jornal à ruína financeira, nem ao descrédito por parte da opinião pública. Ao contrário: *Le Monde* é hoje um jornal respeitado em todo o mundo e uma empresa que está recuperando seu vigor financeiro, depois de uma séria crise econômica. É interessante notar que a crise do *Le Monde* é atribuída, em boa parte, ao fato de que o jornal perdeu a posição crítica diante do governo, a partir do instante em que o socialista François Mitterrand elegeu-se presidente da República, em 1981. Como *Le Monde* defendia posições próximas da socialdemocracia, entrou em uma crise de credibilidade, que se refletiu nas vendas e, por fim, na saúde financeira.

Esse exemplo tem seu contraponto no Brasil: o jornal *Folha de S. Paulo* elegeu a independência absoluta em relação a partidos e governos em geral como sua bandeira. A partir daí, o jornal iniciou um processo de crescimento que o levou ao primeiro lugar em tiragem, nos anos 1980 a década de 1990, bem como a um grau de prestígio incomparavelmente superior ao que desfrutava até meados da década anterior.

Ou seja, independência não é bom apenas para o leitor. Pode ser bom também para a empresa que a pratica com rigor.

Retornando aos exemplos externos, é bom lembrar que *Le Monde* não é o único disponível. Na Itália, normas que defendem a profissão acabaram incorporadas à legislação trabalhista. É o caso, por exemplo, dos poderes do diretor do jornal, regulados pelo artigo 6 do Contrato Nacional de Trabalho Jornalístico. Por esse artigo, os poderes do diretor, bem como o programa político-editorial acertados entre ele e os proprietários, devem ser comunicados à Redação. Outro artigo do Contrato (nº 34) confere ao Comitê de Redação a tutela dos direitos morais e materiais do jornalista, enquanto algumas publicações como é o caso do *Corriere della Sera*, principal jornal italiano – vão mais além: suas normas internas garantem que "nenhum artigo assinado (mesmo com as iniciais do autor) poderá ser substancialmente modificado sem o consenso do autor". E, como a grande maioria dos artigos publicados pelo *Corriere* são assinados, a consequência inevitável é que o autor responde pelo que está publicando, com uma margem de liberdade incomparavelmente superior à dos jornalistas brasileiros.

# A PREPARAÇÃO DA BATALHA   IV

Se o jornalismo é uma grande batalha para a conquista de mentes e corações, é forçoso reconhecer que a maior parte dos jornalistas entra nessa guerra com um preparo no mínimo insuficiente. E aí a culpa é de toda uma estrutura educacional defeituosa, cujos problemas foram sensivelmente agravados pela introdução do vestibular de múltipla escolha, o "teste de cruzinhas", condenado por todos os educadores mais responsáveis deste país. Como igualmente condenadas têm sido as escolas de jornalismo, um dos ramos do ensino de mais explosiva proliferação nos últimos anos.

Na verdade, a responsabilidade das escolas de jornalismo na precária formação de profissionais é apenas relativa. O jornalista deve (ou deveria) chegar à escola superior com um nível de preparo e informação que os cursos primário e secundário dificilmente oferecem, por motivos que não cabe discutir aqui. Pode parecer inacreditável, mas há muitos alunos das faculdades de jornalismo que não conseguem escrever corretamente uma única frase, por mais curta que seja. E, obviamente, não será a escola de jornalismo que irá corrigir esse defeito estrutural. Além disso, ela também não tem condições de oferecer, nos quatro anos de curso, toda a formação humanística básica de que o jornalista acaba, cedo ou tarde, necessitando na profissão. Por isso, os 800 alunos de escolas de jornalismo que são despejados todos os anos no mercado de trabalho começam a profissão em condições já desfavoráveis e ainda carecem da experiência prática que só o dia a dia acaba por lhes fornecer – o que, de resto, acontece com quase todas, senão todas, as carreiras universitárias deste país. O médico ou o engenheiro, o dentista ou o advogado, só vão completar realmente o seu aprendizado na prática, o que significa que os problemas dos recém-formados em jornalismo não são específicos das escolas de jornalismo, mas da maior parte do ensino acadêmico do país. O que, sim, se poderia e deveria reclamar das escolas é que, pelo menos, fornecessem um embasamento teórico que tornasse menos penoso o aprendizado prático da profissão.

E, mesmo aí, não é fácil: afinal, o jornalista necessita de duas coisas que podem acabar se revelando impossíveis de conciliar nos quatro anos de ensino universitário. De um lado, a formação. De outro, a informação. Está claro que ao jornalista não basta conhecer história geral nos moldes em que é ensinada nas universidades, chegando até o começo ou, no máximo, ao fim da Segunda Guerra Mundial.

O jornalista precisa dessa formação, mas precisa também saber coisas bem mais contemporâneas – e é pouco provável que a escola tenha tempo (para não falar de condições) de fornecer-lhe ambas. Dou um exemplo concreto e pessoal dessa impossibilidade: quando estourou, em Portugal, no dia 25 de abril de 1974, a chamada "Revolução dos Cravos", que derrubou o salazarismo, no poder havia 40 anos, fui enviado a Lisboa pelo jornal *O Estado de S. Paulo,* onde então trabalhava. Cheguei à redação do jornal por volta de 16 horas da tarde do dia 25 e já encontrei passagem marcada para Madri (o aeroporto de Lisboa estava fechado em consequência da Revolução) para as 19 horas do mesmo dia. Tinha, portanto, três horas para completar a documentação, fazer as malas, acertar problemas pessoais, chegar ao aeroporto e embarcar.

E o que eu sabia de Portugal? Nos cursos primário, secundário e universitário, o ensino da história portuguesa terminava invariavelmente com a Independência do Brasil. De 1822 para cá, Portugal desaparecia dos currículos, na medida em que perdia, também, importância como potência colonial. Minha bagagem *cultural* sobre Portugal era, portanto, no mínimo arcaica. Culpa da universidade ou da escola secundária? Não creio.

Afinal, nenhuma escola pode ensinar a história de todos os países até os anos mais recentes, sob pena de ter que prolongar os cursos por mais quatro ou cinco anos.

Da mesma forma, o meu nível de *informação* sobre Portugal era mínimo, para não dizer inexistente. Neste século, Portugal realmente perdera importância no mundo e, por isso mesmo, perdera também *status* como notícia. Raramente aparecia nos jornais, a não ser em função das guerras coloniais que travava na África negra. É possível até que, no arquivo do jornal, eu encontrasse alguma informação atualizada que me ajudasse a entender um pouco o país sobre o qual eu iria escrever a partir dos dias seguintes. Mas o tempo decorrente entre minha chegada à redação e minha partida para a Europa era escasso demais para que eu me lembrasse de fazer essa consulta – e isso ocorre com muita frequência com os jornalistas, trabalhando invariavelmente contra o relógio. Resultado: embarquei para Portugal quase inteiramente virgem sobre o país e sua realidade mais recente. A única coisa que consegui fazer foi aproveitar as. dez horas de viagem até Madri para ler *Portugal e o Futuro,* o livro recém-lançado do general Antonio de Spínola, que se transformaria em uma das principais figuras dos primeiros tempos da revolução portuguesa.

Com esse exemplo, não estou querendo inocentar as escolas, em geral, e as de jornalismo, em particular, pelas deficiências no ensino, que geram profissionais despreparados para o trabalho jornalístico. Quero apenas deixar claro que, a essas deficiências estruturais, agrega-se a dificuldade específica de uma profissão que não permite acomodação ou a mais remota certeza de "saber tudo" sobre um país, uma situação, um ramo do conhecimento humano.

## A especialização

Contra esses obstáculos, cabem duas atitudes diametralmente opostas: o conformismo, a aceitação passiva de que as coisas são assim mesmo e nada é possível fazer, ou a luta pela permanente atualização, a busca obsessiva pela complementação de conhecimentos, de cultura ou de informação. É óbvio que só a segunda é correta.

Mas ela é, também, extremamente difícil, dificuldade acentuada pela precariedade das condições de trabalho da maioria dos jornalistas. Em primeiro lugar, a imprensa brasileira ainda não venceu a regra não escrita de que o jornalista é um especialista em generalidade. Ou, em outras palavras, um sujeito que sabe pouco de muitas coisas. Essa teoria empurra o jornalista num dia para uma entrevista sobre urbanismo, no dia seguinte para uma reportagem sobre energia nuclear, no terceiro dia para uma entrevista com, digamos, o ministro de Relações Exteriores da Arábia Saudita, um dia depois para um trabalho sobre transporte de massa – e assim por diante. Pode-se argumentar que nem todas essas reportagens demandam um aprofundamento que só um conhecedor mais habilitado de cada tema poderia obter. Mas é certo que a qualidade da informação seria muito maior se cada um dos quatro assuntos citados pudesse ser tratado por um jornalista com razoável *background* deles. Assim como aumentam consideravelmente as chances de que um leigo total cometa alguma monumental bobagem ao escrever sobre temas que lhe são estranhos – quando não absolutamente indiferentes.

E, à medida que o país se desenvolve, novos temas vão se incorporando às páginas dos jornais, exigindo do jornalista mais desdobramentos. O caso da energia nuclear talvez seja exemplar: até oito ou nove anos atrás, energia nuclear era uma questão de interesse de meia dúzia de países avançados ou dos especialistas brasileiros no assunto. A partir da assinatura do Acordo Nuclear Brasil-Alemanha, em 1975, passou a ser tema obrigatório nas pautas dos jornais – e de interesse da sociedade brasileira como um todo. No entanto, quantos jornalistas brasileiros podem, hoje, transcorridos tantos anos do acordo, escrever sobre energia nuclear com um mínimo de conhecimento? Pouquíssimos.

Alguns jornais recorreram a um expediente para "quebrar o galho": artigos de especialistas na matéria. É uma fórmula condenada pelas associações de classe dos jornalistas, porque estreita ainda mais o mercado de trabalho, mas é uma fórmula discutível também sob outro aspecto: geralmente (há exceções que apenas confirmam a regra) os especialistas escrevem para especialistas e não para o público em geral. Seus artigos acabam sendo herméticos, indecifráveis para quem não tenha uma razoável formação científica sobre o tema – e o trabalho jornalístico deveria ser exatamente o oposto, ou seja, levar informações e análises aos não iniciados sem, entretanto, cair num primarismo que se torne maçante para os que detêm algum conhecimento no ramo.

Não tenho nada contra um estudante de, digamos, veterinária que se dedique ao jornalismo. Também acho importante para o jornalismo que o campo de caça aos talentos se amplie em vez de ficar limitado aos profissionais formados pelas escolas de comunicação. Mas o problema não pode ser resolvido pela simples substituição de jornalistas por especialistas, a menos que o especialista seja capaz de escrever bem e claramente. Não adianta nada trocar formandos em jornalismo por formandos em, por exemplo, economia, se estes escreverem em "economês", da mesma forma que não adianta nada defender o mercado só para jornalistas, se estes não souberem escrever.

A fórmula correta para a boa informação jornalística deveria ser a especialização dos jornalistas e não apenas especialistas praticando jornalismo. Mas é uma fórmula complexa, como já se viu, porque envolve investimentos que as empresas estão pouco dispostas a fazer e que os salários dos jornalistas não permitem que eles próprios o façam. Investimentos não apenas em mão de obra, mas em tempo livre para que essa mão de obra se aprofunde cada vez mais no domínio de um tema específico. Continuando com o exemplo da energia nuclear: um jornal realmente interessado na boa informação deveria ter um jornalista conhecedor do tema em pelo menos três capitais (São Paulo, Rio e Brasília), pelas quais circula a maior parte das informações e discussões a respeito. É um investimento grande, sem dúvida. Mas, além dele, é preciso que a esses jornalistas seja concedido um certo tempo livre para ler (livros ou revistas estrangeiras) e ouvir (técnicos ou pessoas que, eventualmente, tenham algo a ver com o tema), sem que, necessariamente, dessas leituras e conversas surja imediatamente uma reportagem para publicação. Raríssimas empresas jornalísticas se dispõem a essa abertura, seja porque são regidas basicamente pelo afã do produtivismo imediato de seus repórteres, seja porque desconfiam de que eles aproveitarão esse tempo livre para a ociosidade.

Forma-se, assim, um círculo de ferro, muito difícil de ser vencido. Mas, aos poucos, alguma coisa tem sido conseguida: antigamente, o repórter era apenas repórter, sem complementação alguma, salvo o repórter policial, esse ser algo estranho, meio policial, meio jornalista, capaz de descobrir coisas de que a polícia sequer suspeitava. Nos últimos 20 ou 25 anos, começaram a se firmar as macroespecializações: jornalistas políticos ou jornalistas econômicos – e assim por diante.

Resta descer à microespecialização, mas, enquanto ela não é conquistada, o jornalista realmente interessado ainda tem algumas armas para combater o despreparo sobre certos temas que é obrigado a enfrentar profissionalmente. A maior dessas armas, no caso das publicações mais importantes: recorrer aos arquivos e ler o que for possível a respeito da matéria de que irá tratar. Geralmente, os arquivos dos jornais contêm uma dosagem de informações acima do razoável e permitem a um repórter interessado situar-se com certa rapidez num assunto que lhe é estranho – e evitar, assim, uma excessiva superficialidade. Pelo menos, poderá evitar perguntas idiotas aos entrevistados ou, até, a publicação, por desconhecimento ou mal-entendido, de uma grossa besteira.

## A honestidade

A melhor preparação para a função jornalística será certamente jogada ao lixo se não for acompanhada de rigorosa honestidade no trabalho jornalístico. E aí, o conceito de honestidade deve ser entendido no seu sentido mais amplo e não apenas no de não aceitar suborno de qualquer natureza para publicar (ou não publicar) informações ou de levar vantagens materiais em troca de suas informações (publicadas ou não). Nesse

*Os jornalistas na visão de Balzac, pela voz de um de seus personagens: "vendedores de frases".*

ponto, lanço perguntas que constam de um trabalho do jornalista Bernardo Kucinski para o Congresso de Jornalistas realizado em São Paulo em 1979:

"É honesto um jornalista que não está preparado para executar determinada tarefa e sabe que não está? É honesto o jornalista que não é meticuloso e escrupuloso até os limites de suas forças? É honesto o jornalista que trabalha levianamente?"

Parece romantismo, utopia, até moralismo barato. Ainda mais se se contrapuser a tantas exigências os salários achatados dos jornalistas, achatados como o foram todos os salários nos últimos anos. Mas é o fundo da questão, se se entende o jornalismo não como um ofício técnico, mas como uma função social relevante. É verdade que os salários da maior parte dos jornalistas são relativamente baixos. É verdade que boa parte deles é obrigada a trabalhar muito além das horas previstas na legislação que regula a profissão. É verdade que a maior parte das empresas não oferece das condições essenciais para o bom desempenho da atividade jornalística. E é com base nessas verdades que muitos jornalistas se eximem de suas responsabilidades, do cumprimento de seu dever, o que, na minha opinião, é uma atitude vesga. O dever fundamental do jornalista não é para com seu empregador, mas para com a sociedade. É para ela e não para o patrão que o jornalista escreve.

Se os salários são baixos, compete-lhe lutar, como as demais categorias profissionais, para melhorá-los. Se as condições de trabalho são negativas, idem, idem. O que ele não pode é usar as deficiências da empresa na qual eventualmente trabalha como escudo para a sua própria acomodação, despreparo ou acovardamento. Fazer bem e honestamente o seu trabalho é uma exigência, não para agradar os empregadores, mas para cumprir a sua missão.

# A batalha no mundo

Talvez seja no noticiário internacional – ou, mais precisamente, no controle do fluxo internacional de informações – que mais fique evidente o quanto o jornalismo é uma batalha pela conquista de mentes e corações. Como funciona esse mecanismo? A resposta mais ilustrativa pode ser encontrada numa publicação mensal brasileira, dirigida essencialmente a homens de negócio, a revista *Banas,* que assinalava, em seu número de março de 1980:

"Como os países industrializados controlam inclusive os meios de comunicação, e como os centros de produção agrícola ou mineral, na maioria dos casos, não dispõem de estruturas culturais, empresariais e noticiosas fortalecidas, até as informações sobre mercados, os boatos e a barragem de notícias forjadas desencorajam uma eficiente defesa de interesses dos produtores de matérias-primas, porque a sua imprensa local funciona como satélite do mercado noticioso do exterior."

Não é uma constatação vazia: os países desenvolvidos controlam praticamente o circuito mundial de notícias, através de cinco agências, editam 83% dos livros publicados no mundo, controlam as dez maiores agências de publicidade do mundo (sete são norte-americanas e três têm participação majoritária de capital norte-americano), produzem e exportam 77% de filmes para cinema – e assim por diante. As cinco agências que ditam os rumos do noticiário internacional são a francesa *Agence France Presse* (AFP), as norte-americanas *United Press International* (UPI) e *Associated Press* (AP), a inglesa *Reuters*, a italiana Ansa e a alemã OPA, às quais se poderia acrescentar a espanhola EFE, além de algumas menores, mas igualmente baseadas nos países desenvolvidos.

Uma pesquisa feita com jornais mineiros, o *Jornal do Brasil*, do Rio, e *O Estado de S. Paulo* mostra resultados absolutamente estarrecedores, embora de conhecimento geral no meio jornalístico: no período de uma semana, o noticiário internacional de *O Estado* foi preenchido, em 55,8%, com material fornecido pelas grandes agências citadas. Mais 9,4% ficou com reproduções de jornais estrangeiros (*The New York Times, The Washington Star* etc.). Somem-se outros 4,8% de outras fontes externas e verifica-se que o jornal paulista preencheu apenas 30% de sua informação internacional com material de seus próprios jornalistas ou colaboradores. No caso do *Jornal do Brasil,* os números são apenas ligeiramente melhores: 42,5% de seu espaço internacional era preenchido por fontes próprias.

E, quando a pesquisa se estende à imprensa regional, a situação se agrava consideravelmente: os jornais de Belo Horizonte, a terceira cidade do país, ocuparam 93,6% de seu espaço com notícias fornecidas por apenas três agências internacionais: a AFP, a AP e a UPI.

Esses números são reveladores e devem ser entendidos no seu contexto político: quase todas as agências mencionadas têm vínculos, diretos ou indiretos, com os governos de seus respectivos países e refletem, na maioria das vezes, posições ou interesses deles – posições e interesses que raramente coincidem com os dos países em vias de desenvolvimento.

A rede das grandes agências internacionais de notícias é tentacular: elas estão presentes na grande maioria dos países do mundo e vendem seus serviços, da mesma forma, para quase todos eles. Vejamos alguns números ilustrativos: a *Associated Press,* com sede central em Nova York, tem 8 500 assinantes em mais de cem países; a *Reuters,* britânica, está estabelecida em 69 países e vende seu material para 6 500 clientes (dos quais 4 700 são jornais); a *France Presse,* com suas 92 sucursais no Exterior, atinge 12 400 assinantes. O resultado dessa extensão das redes das grandes agências é o seu domínio quase absoluto do mercado: um estudo realizado em 1967 demonstrou que quase 80% das notícias do Exterior divulgadas na América Latina foram distribuídas tão somente por duas agências, ambas norte-americanas, a UPI e a AP.

O problema não é apenas de volume: esse virtual monopólio confere às notícias divulgadas pelas agências um tal peso, inclusive no interior de cada redação brasileira, que elas se sobrepõem às notícias produzidas por fontes próprias das publicações brasileiras. Um exemplo bastante claro ocorreu em janeiro de 1979, durante a visita do papa João Paulo II ao México. A bordo do avião que o levava de Roma a São Domingos (primeira escala da viagem), o papa concedeu entrevista a cada um dos jornalistas que acompanhavam a comitiva. Ao correspondente em Roma da revista brasileira *Veja*, João Paulo II comentou a Teologia da Libertação – uma avançada formulação teológica que prega mudanças sócio-político-econômicas em profundidade no continente – nos seguintes termos:

"A Teologia da Libertação é uma teologia verdadeira, mas pode ser talvez uma falsa teoria. Se se começa a politizar a teologia, a aplicar sistemas ou meios de análise que não são cristãos, então não é mais teologia. Teologia da Libertação sim, mas qual?"

Pois bem. Os repórteres das agências noticiosas, que também estavam a bordo do avião papal, ou não ouviram direito as palavras do papa ou as distorceram deliberadamente, enviando para todo o mundo a notí-

*As agências noticiosas e a visita do Papa.*

cia de que o papa condenara a Teologia da Libertação. Essa informação foi manchete de primeira página em boa parte dos jornais latino-americanos do dia seguinte e, no resto do mundo, mereceu também razoável destaque. O que é compreensível: o papa viajava ao México para inaugurar a Conferência Geral do Episcopado Latino-Americano, que tinha como um dos temas centrais justamente a Teologia da Libertação, lançada doze anos antes e principal responsável pelo crescente envolvimento político da Igreja no continente, despertando o ódio dos governantes totalitários aos quais ela se opunha. Uma condenação do chefe da Igreja Universal, antes mesmo da abertura da Conferência, tinha, portanto, um peso político ponderável. E esse peso acabou sendo jogado em cima de declarações torcidas de Sua Santidade.

É tal a força do mecanismo difusor das agências de notícias que até mesmo a revista *Veja*, a única que tinha o texto completo e correto das afirmações do papa, embarcou no engano. A revista tratou do assunto nos seguintes termos: " 'A Teologia da Libertação é uma teoria falsa', disse ele aos jornalistas, ainda a bordo do DC-10 da Alitália que o levava de Roma para São Domingos, sua escala antes do México".

Esse parágrafo foi publicado na página 60 e só na página seguinte é que a *Veja* dava a íntegra da entrevista, que desfazia a afirmação anterior. Ele não dissera aos jornalistas que "a Teologia da Libertação é uma teoria falsa". Dissera exatamente o que foi reproduzido anteriormente, não aos jornalistas, no plural, mas ao jornalista da revista *Veja,* unicamente.

Esse é, certamente, o mais caro exemplo do poder das agências internacionais de notícias, capaz de se sobrepor até mesmo a declarações exclusivas feitas a uma revista, mas que ela própria se incumbe de confundir, misturando o exclusivo (e verdadeiro) com o que é de domínio geral (e incorreto).

Se o papel das agências internacionais é tão poderoso, no mundo todo, no caso específico da América Latina – subcontinente que nos deveria interessar mais de perto, pela proximidade e semelhança de problemas – a questão se torna ainda mais grave: a grande maioria das publicações brasileiras parece pautar seu enfoque, em assuntos internacionais, por aquilo que interessa a *The New York Times* ou *Le Monde,* e não pelos interesses nacionais brasileiros. Essa deformação se torna evidente pela simples conferência do número de correspondentes que as publicações brasileiras têm na Europa Ocidental e nos Estados Unidos, de um lado, e na América Latina, de outro.

Em 1990, havia apenas cinco correspondentes de meios de comunicação brasileiros na América Latina: da *Folha, Estado, Globo, Jornal do Brasil* e *Gazeta Mercantil,* todos baseados em Buenos Aires. Nenhuma emissora brasileira de televisão tem correspondentes na América Latina.

Esse é um território em que se viola uma das primeiras lições que se aprende no primeiro ano de qualquer faculdade razoável de jornalismo, qual seja a de que o que acontece perto de minha casa é mais importante do que o que acontece a quilômetros e quilômetros de distância.

Ora, o "perto de minha casa", para o Brasil, é a América Latina, gostemos ou não. Por fatalidade geográfica, o Brasil fica na América Latina e não pode escapar dessa fatalidade. Não se trata, portanto, de uma questão ideológica. Basta atentar para o seguinte: ao se iniciar a década de 1990, vários países latino-americanos decidiram seguir uma política econômica parecida, assentada na liberalização da economia e na sua abertura ao mundo, entre várias outras semelhanças. É natural que interesse ao leitor brasileiro saber como vai indo a experiência de cada um dos países vizinhos ou próximos, até para poder perceber o que pode eventualmente acontecer de parecido no seu próprio país.

É pouco provável que as agências internacionais, cujas atenções estão concentradas no mundo desenvolvido, deem conta adequadamente desse tipo de cobertura. Logo, acompanhar melhor a América Latina não é um problema de combater uma suposta "informação imperialista" mas um problema simples de saber, mais depressa e com mais profundidade, o que está acontecendo "perto da minha casa".

É óbvio que o ideal seria que cada veículo dispusesse de um correspondente em cada capital relativamente importante do mundo, mas, quando não se acompanha diretamente o que acontece na esquina de casa, fica difícil entender uma cobertura tão ampla em pontos tão distantes.

A atenção ao que ocorre nas vizinhanças, entretanto, não pode impedir que o jornalismo brasileiro olhe cada vez mais para o mundo todo. Hoje, a globalização da economia é tamanha, as telecomunicações tornaram o mundo tão "pequeno", que tudo, a rigor, passou a ser doméstico, de alguma maneira.

Até a década de 1970, "Afeganistão, capital Cabul" era apenas um verbete que se decorava nas aulas de geografia para se repetir na prova, sem saber direito o que se estava dizendo. Hoje, Afeganistão passou a fazer parte do jogo mundial de poder e houve até empresas jornalísticas brasileiras que deslocaram repórteres para acompanhar a guerra lá travada pelas tropas soviéticas contra uma renitente guerrilha afegã.

O caso do conflito Iraque/Kuait/Estados Unidos é outro exemplo de como uma região aparentemente distante do Brasil torna-se assunto de interesse nacional. O jornalismo brasileiro vai ter que superar suas próprias limitações econômicas para estar cada vez mais presente na cena mundial.

A globalização da informação não chegou ao ponto em que os meios de comunicação de um país se preocupem em dar informações que sirvam a todos os demais países. Eu estive nos Estados Unidos durante parte do conflito causado pela invasão do Kuait. A mídia americana deu amplo destaque ao problema dos estrangeiros retidos, seja no Iraque, seja no Kuait, pelo governo iraquiano. Jornais como *The Washington Post* e *The New York Times* chegaram a publicar quadros com o número de estrangeiros detidos. Pois bem: só depois de um mês de conflito é que um desses quadros, pela primeira vez, informou que, entre os estrangeiros, havia também brasileiros.

Não se inventou ainda nada que substitua a visão peculiar de cada país sobre os acontecimentos mundiais. Um brasileiro certamente olhará a Espanha, digamos, de uma maneira que um espanhol não consegue ou um americano tampouco.

Esse fato implica maiores desafios para o jornalista. Se já é difícil e complicado entender o Brasil, mais difícil e complicado é entender outros países. Mas é igualmente inevitável.

## Sobre o autor

Clóvis Rossi nasceu em São Paulo, a 25 de janeiro de 1943, e formou-se em jornalismo em 1964, pela Faculdade de Jornalismo Cásper Líbero, a única da época em São Paulo. Antes mesmo de graduar-se, começou a trabalhar na imprensa, na sucursal de São Paulo do extinto matutino carioca *Correio da Manhã*. Depois de breves passagens pela revista *Autoesporte* e pela antiga TV Excelsior, foi contratado por O *Estado de S. Paulo,* em 1965, e lá exerceu todas as funções jornalísticas: redator, repórter, chefe de reportagem, editor local, editor de esportes, assistente do editor--chefe e editor-chefe. Simultaneamente, dedicou-se, a partir de 1973, à cobertura internacional, que o levou a participar de trabalhos jornalísticos em todos os continentes, exceto a Oceania. Cobriu, entre outros fatos, o golpe militar no Chile (1973), a Revolução dos Cravos, em Portugal (1974), o processo de independência das colônias portuguesas na África, os últimos meses do franquismo e a redemocratização da Espanha (1975 a 1977), o golpe militar na Argentina (1976), importantes etapas da revolução peruana, as eleições presidenciais de 1978 na Venezuela. Deixou *O Estado* em 1977 e trabalhou sucessivamente no *Jornal do Brasil*, em Brasília, na revista *Isto É* e no *Jornal da República*, lançado em São Paulo em 1979. Atualmente é contratado da *Folha de S. Paulo*.